PROJECTBEHEER

Leid je team naar succes bij elk project

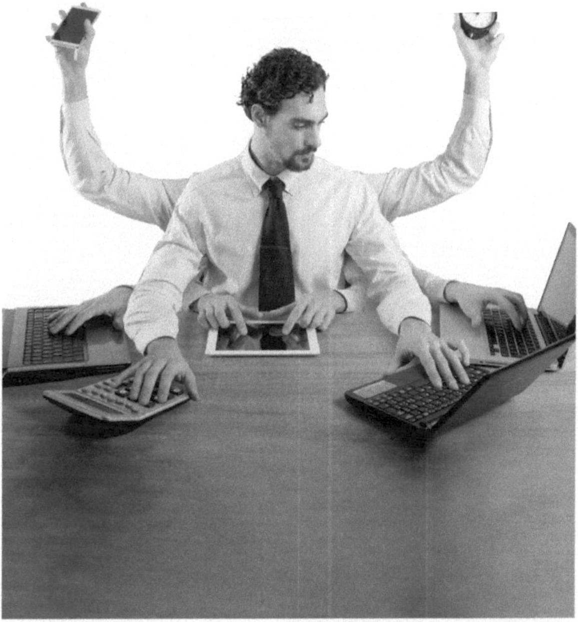

50MINUTES.com

PROJECTBEHEER

Leid je team naar succes bij elk project

geschreven door Nicolas Zinque
vertaald door Nikki Claes

50MINUTES.com

PROJECTBEHEER

- **Problemen?** Hoe kan je je project voorbereiden en tot een goed einde brengen?

- **Waarom is het nuttig?** Het succesvol uitvoeren van persoonlijke en professionele projecten vereist veel nauwgezetheid, maar vooral voorbereiding door het volgen van nauwkeurige regels.

- **Professionele context?** Projectbeheer, management, professionele ontwikkeling, enz.

- **FAQ?**
  - Heeft de projectmanager nog steeds dezelfde verantwoordelijkheden?
  - Hoeveel tijd moet ik besteden aan de voorbereidings-, uitvoerings- en afsluitingsfase?
  - Wat als de financiële eisen of termijnen te beperkend zijn?
  - Is het mogelijk om meerdere projecten tegelijk te beheren?
  - Wat als ik op korte termijn een projectmanager vervang?
  - Hoe delegeer je werk?

Misschien wou je het of vreesde je het: in ieder geval is je benoeming tot projectmanager zojuist gemaakt! Allereerst gefeliciteerd, je vaardigheden zijn eindelijk erkend. Nu moet je bewijzen dat dit vertrouwen verdiend is.

Maar projectbeheer beperkt zich niet tot één titel. We worden allemaal regelmatig met deze oefening geconfronteerd, zowel in ons privéleven als in ons werk: het organiseren van vakanties, het herinrichten van de tuin of het plannen van het feestdiner. In je carrière ben je waarschijnlijk al betrokken geweest bij projecten en je verwacht dat je op deze ervaring kunt voortbouwen.

Een effectieve projectmanager zijn in een bedrijf of voor eigen rekening is echter verre van eenvoudig: het is een uitdaging die, hoewel spannend en bevredigend, ook zeer veeleisend is. Als leider ben je verantwoordelijk voor de planning, zorg je ervoor dat deadlines en budgetten worden gehaald en geef je leiding aan mensen. Je zal verantwoording moeten afleggen aan je klanten en opdrachtgevers over de voortgang van het project, ongeacht het resultaat... Het is dus het best dat het resultaat positief is.

Deze gids is bedoeld voor alle aspirant-projectmanagers en voor degenen die hun projectmanagementvaardigheden willen verbeteren. Het kan ook nuttig zijn voor de verschillende mensen die bij de uitvoering van een project betrokken zijn: als de verantwoordelijkheid bij de projectmanager ligt, is zijn of haar triomf die van het hele team. Dus, neem nu de juiste reflexen aan!

DE GRONDBEGINSELEN VAN GEPLAND PROJECTBEHEER

DE BASISPRINCIPES

Wat is een project?

Het antwoord ligt misschien voor de hand... en toch! Een project is een geheel van activiteiten (of taken) die worden uitgevoerd om de gestelde doelen te bereiken, binnen het vastgestelde tijdschema, met gebruik van vastgestelde menselijke, materiële en financiële middelen. Deze definitie belicht dus de basiscomponenten van een project:

- een of meer precieze en specifieke doelstellingen die moeten worden bereikt

- een te respecteren tijdschema

- middelen, waaronder een budget, een team en technische middelen

Het benadrukt ook het vluchtige aspect ervan, want ook al kan het enkele maanden of zelfs jaren duren, het heeft altijd een specifieke en beperkte duur.

Wat is projectmanagement?

Projecten zijn nog nooit zo bestudeerd en geanalyseerd als in de afgelopen jaren. In onze maatschappij waar bedrijven voortdurend met elkaar concurreren, moet projectbeheer zo nauwkeurig mogelijk gebeuren om marktleider te worden. Het is bijna een wetenschappelijke benadering, die overeenkomt met een reeks instrumenten en methoden die erop gericht zijn de kwaliteit van je project te verbeteren, de uitvoering ervan te optimaliseren en de kans op succes te vergroten. Concreet stelt projectmanagement je in staat om:

- het project te plannen en te voltooien

- je prestaties te verhogen door efficiënter te zijn in je organisatie en in taakbeheer

- moeilijkheden en risico's die zich kunnen voordoen te beoordelen, te voorzien en vooral te overwinnen

- zich aan te passen aan veranderingen en onvoorziene gebeurtenissen

- een team te managen

De rol van de projectmanager

De leider is zowel het hart als het hoofd van het project. Hij is niet alleen de architect die de plannen opstelt, maar ook de werfleider die het werk dagelijks leidt en zijn team aanstuurt. Het is niet voldoende dat hij orders geeft, hij moet de vlam doorgeven zodat de groep op haar beurt het project in handen neemt. Zijn taken zijn:

- de doelstelling volgens de specificaties voltooien

- het team opleiden en aansturen

- zorgen voor de dagelijkse follow-up van het project en de oorspronkelijke plannen zo nodig aanpassen

- omgaan met het onverwachte

Voor de uitvoering van deze taken zijn bepaalde kwaliteiten onontbeerlijk:

- verantwoordelijkheid nemen
- initiatief nemen en moeilijke beslissingen kunnen nemen
- weten hoe je jezelf moet omringen met de juiste mensen
- je team beheren en motiveren
- een goede communicator zijn
- kunnen omgaan met stressvolle situaties
- kunnen anticiperen

Als je geen geboren leider bent, kan je deze vaardigheden nog steeds on the job leren:

"Toen ik 20 jaar geleden mijn carrière begon, kon ik niet optreden als leider en kon ik mijn passie niet overbrengen. Erger nog, mijn ondergeschikten luisterden niet naar mij. Op een dag vroeg een vriend van mij, een voetbaltrainer, me om mee te gaan naar de kleedkamer tijdens een wedstrijd om te zien hoe hij zijn spelers leidde. Ik had er geen spijt van! Naar zijn voorbeeld heb ik geleerd me te laten gelden, mijn woorden te kiezen, mijn stem te verheffen als dat nodig is of juist verzoenend op te treden." (Boris, IT-projectmanager)

De drie fasen van projectbeheer

Goed projectbeheer is gebaseerd op drie stappen:

- **de voorbereidingsfase** waarin je het verloop van je project plant

- **de uitvoeringsfase** is wanneer je je plan in werking stelt

- **de afsluitende fase**, die je in staat stelt de balans op te maken van je project nadat het is afgerond.

Het is niet raadzaam een project te starten zonder goede voorbereiding. Het lijkt misschien vanzelfsprekend, maar het is niet ongewoon dat mensen er meteen in springen, denkend dat het tijd zal besparen. Laat je echter niet misleiden door dit vooroordeel, want hoewel je misschien wat tijd verliest bij de ontwikkeling van je project, zal je op de lange termijn meer winnen.

DE VOORBEREIDING

De voorbereidingsfase wordt vaak over het hoofd gezien of ingekort. Dit is echter een fatale fout die je recht naar de muur zal leiden. Inderdaad, deze fase is van cruciaal belang omdat ze jou in staat stelt:

- het doel van het project bepalen, in overeenstemming met de behoeften van het bedrijf

- de planning vast te stellen

- de structuur en de organisatie van het project op te zetten

- het budget en de levertijd te bepalen

- alle relevante actoren te identificeren en het team op te leiden

Bepaal de noodzaak en het doel van het project

Wat de situatie ook is, of je nu de initiatiefnemer van het project bent of niet, de eerste vraag die je moet stellen is: "In welke behoefte (binnen het bedrijf) voorziet het project? De kwaliteit van het project wordt bepaald door het vermogen om in die behoefte te voorzien.

RAAD

Je project kan concurreren met andere projecten die intern worden uitgevoerd en je moet wellicht middelen delen. Daarom zal het prioritaire project het project zijn dat het beste voldoet aan de behoeften van het bedrijf. Daarom is het belangrijk om duidelijk te maken waarom je dit doet.

De behoefte van het bedrijf bepaalt dus de doelstelling van het project. Als het bedrijf bijvoorbeeld de smartphonemarkt wil betreden, zou het project kunnen bestaan in de productie van een model met een productiekostprijs tussen 90 en 100 euro en met bepaalde technologieën. Een project hoeft niet noodzakelijk een product te zijn, het kan ook de vorm aannemen van een dienst (organisatie van een show, verbetering van de dienst na verkoop, enz.) Een goede doelstelling voldoet aan drie criteria:

* Ze is precies.

* Ze is haalbaar.

* Ze is meetbaar (ze moet via een evaluatie kunnen worden gevalideerd).

Raad

Als je na analyse constateert dat je project niet voldoende – of helemaal niet – aan een zakelijke behoefte voldoet, is het absoluut noodzakelijk dat je de situatie bij aanvang corrigeert. Soms is het beter te annuleren dan een fiasco te riskeren.

Opstellen van het bestek

Het beheer van het project wordt je officieel toevertrouwd door een opdracht. Om deze behoefte te formaliseren en ervoor te zorgen dat alle betrokkenen bij het project deze begrijpen, moet een bestek worden opgesteld. In dit bestek, dat je in samenspraak met de betrokken partijen (je klanten en je directie) opstelt, worden de specificaties van het project gespecificeerd:

* de doelstelling en de beschrijving van de verwachte resultaten

* hoe deze doelstellingen zullen worden geëvalueerd

* een raming van het budget en het tijdschema

* beperkte middelen

* een beschrijving van de stappen die zijn ondernomen om de doelstelling te bereiken

Daarom wordt in dit document het project in grote lijnen beschreven en worden de grenzen ervan aangegeven. Het is de basis van het project: je zal de inhoud ervan in je voorbereiding gedetailleerd beschrijven. Alle hieronder beschreven operaties zijn erop gericht dit te verwezenlijken.

De te verrichten taken inventariseren en organiseren

Zodra het bestek en de opdracht door de klant en je bedrijf zijn gevalideerd, is je eerste actie het oplijsten van alle taken die nodig zijn om het project uit te voeren. In deze fase kan je onder meer de termijnen beoordelen en de profielen bepalen die je in jouw team nodig hebt. Het doel hier is om je project zo gedetailleerd mogelijk in te delen in deliverables.

 **WIST JE DAT?**

Een *deliverable* is een meetbaar tussenresultaat (product, document, enz.) dat de voltooiing van een deel van het project markeert – of zelfs het project zelf in het geval van de *final deliverable*. Bijvoorbeeld specificaties, mock-ups of voortgangsverslagen zijn zulke bewijzen van vooruitgang.

Om je project op te splitsen zijn er twee methoden:

- **Van het algemene naar het specifieke**. Begin met je einddoel en vraag je af wat de belangrijkste deliverables zijn. Verdeel deze vervolgens op dezelfde manier en vraag je af welke tussenpersonen nodig zijn om ze te bereiken, enzovoort. Het proces eindigt wanneer je ze niet langer kunt opsplitsen en de tijd en middelen die nodig zijn om elk resultaat te bereiken, nauwkeurig kunt inschatten. Bij een groot project is het onmogelijk om tot het einde van deze logica te gaan. Je zal een deel van dit werk moeten delegeren aan je team, dat beter in staat zal zijn bepaalde taken te analyseren en de haalbaarheid ervan te beoordelen.

- **Van individueel naar algemeen.** Brainstorm over alle taken die gedaan moeten worden, zonder je zorgen te maken over een hiërarchie. Groepeer ze dan in duidelijke categorieën.

Door de taken op te sommen begin je ze al te categoriseren en te prioriteren. Het formaliseren van deze categorisering in de vorm van een work breakdown structure (WBS) is de volgende stap.

Wanneer je het definitieve organisatieschema opstelt, zal je waarschijnlijk meer details geven over de middelen die je nodig hebt (welke geluidsapparatuur? welke beeldapparatuur?). Je kan ook andere categorieën definiëren, zoals budget, uren, enz. Zorg ervoor dat alle taken op de lijst staan. Deze manier van plannen en organiseren van elke fase van het project wordt de 100%-regel genoemd. Dit komt van de work breakdown structure, een projectorganisatiemethode die eind jaren vijftig is ontwikkeld door het Amerikaanse ministerie van Defensie. Eenvoudig gezegd betekent deze regel dat je indeling en stroomschema alle te verrichten werkzaamheden moeten bevatten, niet meer (waardoor sommige taken overbodig zouden worden) en niet minder (waardoor niet alle taken worden vermeld).

Als we in ons eerste voorbeeld het project hebben gerangschikt volgens de verschillende onderdelen van de organisatie van dit soort evenementen, is het ook mogelijk je activiteiten te groeperen per (bedrijfs)afdeling, per soort kosten of per chronologische fase van het project (zoals hieronder), afhankelijk van het einddoel.

 **RAAD**

Door verschillende stroomschema's te maken, ontwikkel je verschillende visies op het project en krijg je dus een meer globale voorstelling.

Aangezien het stroomschema visueel is, kan het snel veel ruimte in beslag nemen. Daarom is het soms gemakkelijker om een eenvoudige schriftelijke lijst te gebruiken. Vergeet echter niet om elke taak een codenummer te geven om ze gemakkelijker terug te vinden.

1. Beveiliging

    1.1. Toestemming van de brandweer en de politie

    1.2. Toestemming van de stad

    1.3. Aanwezigheid van het Rode Kruis

        1.3.1. Mogelijke subcategorie

        1.3.2. Mogelijke subcategorie

2. Team & vrijwilligerswerk

    2.1. Vrijwilligersrooster

    2.2. Onderscheidende kleding voor het team

    2.3. Enz.

3. Enz.

De middelen van je project analyseren

Als je begint met de planning van het project, is het een fundamentele stap om de middelen waarover je beschikt en de beperkingen waarmee je wordt geconfronteerd te beoordelen. Zodra je jouw work breakdown structure(s) hebt opgesteld, vraag je je voor elke taak af:

- Welk profiel en welke vaardigheden heb ik nodig om dit te bereiken?

- Welke uitrusting heb ik nodig?

- Hoeveel tijd moet ik eraan besteden?

Deze vragen zullen je helpen het aantal benodigde mensen in te schatten, de juiste mensen te vinden en in te schatten hoe lang zij bij jouw project betrokken zullen zijn en een idee te krijgen van de apparatuur die je nodig zult hebben.

Identificeren en tegengaan van risico's

Een project houdt altijd risico's in die verband houden met de mogelijkheid dat een gebeurtenis of element het goede verloop ervan verstoort. Daarom is het belangrijk om daarop te anticiperen, zodat je snel kan reageren als ze zich voordoen.

Stel, je plant een uitstapje naar zee, maar het weerbericht voorspelt 15% kans op regen: heb je een plan B of vertrouw je op jouw gelukssterren? Je hebt niet altijd geluk. Vraag je dus van tevoren af wat er mis kan gaan en maak vervolgens voor elke taak een lijst van de meest waarschijnlijke obstakels. Beschrijf ook de mogelijke gevolgen van deze problemen voor het project (eenvoudige vertraging, budgetoverschrijding, volledige annulering) en plan een alternatieve oplossing voor de ernstigste problemen.

Aangezien je je niet tegen alle risico's kan beschermen, is het belangrijk ze in te delen naargelang de kans dat ze zich voordoen en de mate waarin ze gevolgen hebben voor jouw project. Beoordeel de waarschijnlijkheid op basis van je eigen ervaring en/of door deskundigen te raadplegen. Aarzel niet om waar mogelijk feiten en cijfers te gebruiken. Zo is een risico met een kans van 2% en een geringe impact misschien niet de moeite waard om tijd en geld in te investeren. Omgekeerd moet een kritiek probleem met een grote kans van optreden zorgvuldig worden overwogen. De keuze kan moeilijker zijn wanneer er sprake is van uitersten, zoals een potentieel groot effect maar een lage waarschijnlijkheid van optreden, of een hoog ontwikkelingspotentieel maar een laag effect.

Om een crisisbeheersplan op te stellen leg je de risico's vast in een tabel en bedenk je voor elk risico een of meerdere noodoplossingen en beoordeel je de kosten daarvan (financieel, menselijk en tijd). Als de risico's te groot zijn en niet kunnen worden beperkt, moet je natuurlijk je hele project heroverwegen.

 KLEIN PLUSPUNT

Als je het risico niet kunt wegnemen of beperken, kan je altijd een verzekering afsluiten om het te dekken.

Planning van het project

Wanneer je je tijdschema vaststelt, wil je natuurlijk zo snel mogelijk je doel bereiken, terwijl je de risico's tot een minimum beperkt. Overhaast het proces echter niet. Voordat je het algemene schema opstelt, moet je:

- de duur van elke taak bepalen

- kijken hoe ze met elkaar omgaan

- beslissen over de volgorde waarin zij zullen worden uitgevoerd

Om de tijd voor een taak te schatten, moet deze nauwkeurig worden beschreven en moeten de factoren die hierop van invloed kunnen zijn, worden geïdentificeerd. Als je bijvoorbeeld een machine nodig hebt om de taak uit te voeren, kan deze een bepaalde productiecapaciteit hebben en niet altijd beschikbaar zijn. Ook kunnen sommige taken tegelijkertijd worden uitgevoerd, terwijl andere afhankelijk zijn van het uitvoeren van acties. Je moet begrijpen hoe ze op elkaar inwerken om hun opstelling te optimaliseren.

Om de volgorde van je activiteiten en de verbanden daartussen het best te visualiseren, kan je een netwerk-diagram gebruiken. Stel dat je bijvoorbeeld een seminarie wil organiseren voor het personeel van je bedrijf. Zodra het idee is goedgekeurd door je management, moet je de voorbereidingen voor het evenement treffen:

- voorafgaande contacten leggen om er zeker van te zijn dat iedereen beschikbaar is

- contact opnemen met potentiële belanghebbenden om na te gaan of zij ook beschikbaar zijn

- een datum kiezen (op basis van de resultaten van de eerste twee taken)

- de ruimte reserveren (in ons voorbeeld heb je de nodige ruimte in je gebouwen)

- de organisatie van de dag voorbereiden door

    - de exacte inhoud met de spreker te bepalen

    - het schema van de dag vast te leggen

    - eventuele maaltijden te voorzien

    - de benodigde materialen te bestellen

- officiële uitnodigingen sturen naar de betrokkenen

- de zaal inrichten (in ons voorbeeld kan je dit enkele dagen voor de dag van het evenement doen, aange-zien de zaal zich in het bedrijf bevindt)

Hieronder is het voorbeeld weergegeven als een net-werkdiagram. Als je een seminarie voor je eigen bedrijf moet organiseren, kan het tijdschema natuurlijk variëren, afhankelijk van de beperkingen (in ons geval schat de projectleider dat hij een week nodig heeft om van al zijn personeel een antwoord te krijgen over hun beschikbaarheid), alsmede van de mogelijke taken en de indeling daarvan. Hier heeft de projectmanager gelukkig een assistent die hem helpt met sommige acties die niet tegelijkertljd kunnen worden uitgevoerd.

Dit diagram belicht verschillende belangrijke aspecten van projectplanning:

- Sommige taken zijn afhankelijk van de voltooiing van andere. Zolang je niet van iedereen de beschikbaarheid hebt ontvangen, is het onmogelijk een ruimte te reserveren (in het beste geval kan je er een optie op nemen).

- Andere taken kunnen en moeten parallel worden uitgevoerd. Door te vertrouwen op de assistent kan de projectmanager de planning van de dag en de opdrachten aan de assistent delegeren, terwijl hij/zij zich concentreert op de inhoud die met de spreker moet worden ontwikkeld.

- Het kritieke pad, dat wil zeggen de langste opeenvolging van activiteiten die tussen het begin en het einde van het project moeten worden voltooid en die de minimale duur van je project aangeeft, is van essentieel belang om vast te stellen. Daarom volgen de zogenaamde kritieke taken: elke vertraging op deze taken heeft noodzakelijkerwijs gevolgen voor de termijnen. In ons geval komen we niet onder de

22 uur (als we alleen de duur van de taken zelf tellen) en onder de drie weken (als we rekening houden met de verplichte termijnen: de officiële uitnodiging moet bijvoorbeeld twee weken voor het evenement worden verzonden);

- De hoeveelheid tijd die beschikbaar is voor bepaalde activiteiten, die verwijst naar de hoeveelheid tijd dat de einddatum kan worden verschoven zonder de startdatum van de volgende taak of de einddatum van het project te vertragen. De projectleider heeft bijvoorbeeld 12 uur nodig om aan de inhoud van het seminarie te werken, terwijl de assistent slechts 7 uur nodig heeft (planning van de dag en bestelling van de maaltijden). De laatste heeft dus een marge van 5 uur.

- Mijlpalen zijn gebeurtenissen die niet noodzakelijk een duur op zich hebben (hoewel één ervan in ons voorbeeld dat wel heeft). Zij markeren het einde van belangrijke stappen in je project.

Om de planning te voltooien, moet je termijnen vaststellen, d.w.z. de begin- en einddatum voor elke activiteit. Dat kan met behulp van een Gantt-diagram, waarin de activiteiten, hun duur, hun marges en hun indeling zijn opgenomen.

Een sterk team opbouwen

Dankzij het vooraf opgestelde takenschema heb je kunnen bepalen welke vaardigheden nodig zijn om je project te verwezenlijken. Bij het samenstellen van het team zijn er twee mogelijkheden: ofwel ben je vrij om aan te werven wie je wil, ofwel moet je het doen met de mensen die je beschikbaar hebt.

Het eerste is ideaal, omdat het je in staat stelt de juiste profielen en gemotiveerde mensen te vinden, terwijl het tweede ertoe kan leiden dat je werkt met mensen die geen belangstelling hebben voor het project. In werkelijkheid zit je waarschijnlijk tussen deze twee situaties in.

Neem in ieder geval de tijd om je toekomstige teamleden te ontmoeten en te bespreken. Controleer hun vaardigheden en motivatie om te zien of ze bij je project passen. Als je tevreden bent, vraag hen dan naar hun beschikbaarheid: zullen ze voltijds aan je project werken of zullen ze hun tijd delen met andere opdrachten? Vanaf welke datum en tot wanneer zijn ze beschikbaar?

 BELANGHEBBENDEN IDENTIFICEREN

Het is van essentieel belang om vanaf het begin de verschillende personen die een rol spelen te identificeren. Breng, naast de ontwerper en de projectsponsor, alle belanghebbenden in kaart, zowel positieve als negatieve, zowel intern als extern: de klant, potentiële leveranciers, partners, enz. Zorg ervoor dat zij worden gesteund en geïnformeerd over de voortgang van het plan.

Budgettering van uw project

Budgettering betekent dat alle kosten van elke activiteit worden geraamd en opgeteld. Natuurlijk zal je eerst denken aan directe kosten zoals:

* het salaris van de werknemers

* kosten van vervoer, huisvesting, huur, enz.

* de aankoop van materialen zoals grondstoffen voor de vervaardiging van onderdelen, technologie, enz.

Maar als je de werkelijke kosten van je project wil schatten, moet je ook rekening houden met enkele indirecte kosten zoals:

* slijtage van de apparatuur die je in je bedrijf gebruikt (bv. computers)

* kosten van verwarming, elektriciteit, enz.

Deze kosten hoeven echter niet altijd in aanmerking te worden genomen, meestal omdat ze niet specifiek zijn voor jouw project: je bedrijf is waarschijnlijk al eigenaar van de computers waarmee je werkt. Neem contact op met de financiële afdeling van je bedrijf om na te gaan of deze kosten in jouw budget moeten worden opgenomen.

DE REALISATIE

Monitoring van het plan

Als je je project goed hebt voorbereid, is jouw prioriteit nu ervoor te zorgen dat alles volgens plan verloopt. Om

dit te doen, evalueer je periodiek je project met behulp
van:

- regelmatige evaluatievergaderingen (maximaal om
de twee weken) om de balans op te maken

- rapporten geschreven door leden van uw team

- jouw persoonlijke logboek

 ## KLEIN PLUSPUNT

Vraag je teamleden om een gemeenschappelijk logboek bij te houden waarin zij ondernomen acties, data
en gewerkte uren noteren. Dit document zal zeer nuttig zijn voor de regelmatige follow-up en de eindevalu-
atie.

Doe bovendien elke week een snelle check-in voor jezelf
door jezelf een paar belangrijke vragen te stellen en pas
je antwoorden aan.

- Worden de verschillende geplande activiteiten uitgevoerd?

- Wordt het budget gerespecteerd?

- Ben je op tijd, voor of achter op schema?

- Hoe zit het met de risico's die je vreesde?

Zorg ervoor dat iedereen de ins en outs van zijn huidige
taak kent en dat alles volgens plan verloopt. Let vooral
op wanneer het (geplande) einde van een activiteit
nadert en wees extra alert op je kritieke pad: onthoud

dat elke vertraging daarop onvermijdelijk het hele project vertraagt!

Na deze analyse blijkt dat ofwel alles volgens plan verloopt – in dat geval ga je gewoon door – ofwel dat je slingeringen of zelfs ongelukken constateert, in welk geval je het project weer op de rails moet krijgen.

- Lokaliseer het probleem: Waardoor werd het budget of de deadline overschreden? Wat dwong je om een taak op te geven of te vervangen?

- Neem herstelmaatregelen: jouw onmiddellijke doel is verdere schade aan je project te voorkomen. Je kunt de schade echter niet altijd herstellen. Als je leverancier de nodige onderdelen te laat levert en dit op je kritieke pad ligt, kan je er niets aan doen.

- Zorg ervoor dat het niet meer gebeurt door maatregelen te nemen in overeenstemming met de aard van het probleem. Als het om een eenmalig probleem gaat (een vergissing, een onoplettendheid, enz.), probeer dan te begrijpen waarom het gebeurde (technisch probleem of menselijke fout) en neem de nodige maatregelen (neem contact op met de betrokken persoon, vervang de apparatuur, enz.). Als het chronisch is (een probleem in het proces), neem dan de tijd om te analyseren en met je team een duurzame oplossing te bedenken.

Wees voorzichtig, als je een correctie of verandering in het project wil aanbrengen, informeer dan al je medewerkers en overleg vooral vooraf met hen, zodat ze zich betrokken blijven voelen!

Teamleiding

Het beheren van je team is cruciaal voor het succes van het project. Een slechte verstandhouding of coördinatie binnen het team kan de voltooiing van de verschillende taken in gevaar brengen. Zorg er daarom voor dat je:

- je team begeleidt naar de voltooiing van het project. Zoals de kapitein van een schip blijf je tegen alle verwachtingen in op koers. In een storm moet je bemanning op jou kunnen rekenen;

- een goede werksfeer creëert en handhaaft. Je kan het risico van spanningen binnen het team tot een minimum beperken door aan teambuilding te doen (organiseer parallel met werkvergaderingen een of meer kleine activiteiten voor je personeel om elkaar te leren kennen en samen te werken) en door ervoor te zorgen dat ieders taken en verantwoordelijkheden duidelijk zijn omschreven en bij iedereen bekend zijn;

"Ik werkte aan een groot cultureel project, dat bestond uit de realisatie van buitenproducties. In dit project waren de functies en taken van iedereen niet nauwkeurig omschreven. Zo was ik belast met de algemene logistiek, maar moest ik regelmatig op zoek naar bepaalde elementen van de decoratie (dit is normaal de rol van de chef-decorateur). Op een zaterdagavond ontdekten we dat we de stands voor de scène van de volgende ochtend niet hadden. De decorontwerper en ik dachten dat de ander het geregeld had..." (Louis, projectleider)

- de 'leefregels' voor je team bepaalt. Hoe zal het dagelijks functioneren? Hoe zullen de vergaderingen verlopen? Stel een kader vast en betrek, indien mogelijk, je team bij het opstellen van de procedures;

> *"Tijdens mijn studie heb ik samen met andere jongeren deelgenomen aan de organisatie van een documentaire filmfestival. Iemand begeleidde ons en stelde voor om samen een handvest te schrijven. Het vatte onze verbintenissen samen en bepaalde hoe we ons tijdens vergaderingen moesten gedragen. Door onszelf bij de opstelling ervan te betrekken, konden wij deze meer respecteren dan een door een derde opgelegde regel". (Pierre, evenementenbeheerder)*

- hen vertrouwt en hen aanmoedigt jou te vertrouwen;
- hun motivatie behoudt. Het is een bekend refrein: de eerste paar weken heb je het gevoel dat je bergen kunt verzetten, maar daarna, hoewel de passie blijft, treedt de routine in en wordt de intensiteit minder.

👁 KLEIN PLUSPUNT

Om het enthousiasme van je team intact te houden:

- regelmatig de positieve aspecten van het project voor het bedrijf en de groep benadrukken
- regelmatig met het team communiceren over de voortgang van het project. We zijn altijd gemotiveerder als we de concrete resultaten van onze acties zien

- hen erbij betrekken door hun mening te vragen over risico's, ideeën, oplossingen, enz

- de werknemers belonen voor het bereiken van een doel

Een essentieel instrument: communicatie

Hoewel het duidelijk is dat je altijd een duidelijk beeld van de situatie moet hebben, moet jouw team dat ook hebben. Daarom moet binnen de groep een doeltreffend communicatiesysteem worden opgezet en documentatie (verslagen, enz.) beschikbaar worden gesteld, zodat elke belanghebbende weet hoe het project vordert.

De manier waarop je communiceert hangt in de eerste plaats af van het doel van de overdracht en de ontvanger. Deze twee aspecten bepalen de keuze van het medium en de aard van de verzonden informatie, alsmede de vertrouwelijkheid ervan: als een leverancier op de hoogte moet worden gehouden van de geringste verandering die zijn werk beïnvloedt, hoeft hij niet op de hoogte te zijn van jouw interne problemen. Kies je communicatiemiddel in functie van de situatie:

- **Vergaderingen** zijn een manier om alle betrokkenen bijeen te brengen en samen rond de tafel te zitten (die kunnen virtueel zijn, bv. via videoconferentie). Verwaarloos de schriftelijke notulen van de vergadering niet, waarin formeel wordt vastgelegd wat er is gezegd of besloten.

- **E-mails** zijn tegenwoordig de meest gebruikte kanalen, dankzij de onmiddellijke verzending en ontvangst van berichten. Bovendien laten ze een papierspoor achter en kunnen ze efficiënt worden beheerd met behulp van e-mailboxen.

- **Verslagen** worden gebruikt om informatie te bevestigen en een update van een specifieke situatie te geven. Hun grote nadeel is dat ze eenzijdig zijn. De communicatie vloeit van de verslaggever naar de lezer, zonder dat deze laatste kan ingrijpen. Daarom is het nuttig een mondelinge toelichting te geven (vergadering, discussie, enz.).

- **Informele gesprekken** zijn spontane uitwisselingen van informatie (over de telefoon, bij de koffieautomaat, enz.). Belangrijke informatie moet je altijd schriftelijk en formeel (bijvoorbeeld per e-mail) bevestigen.

> *"Om terug te komen op het project om buitenomgevingen te creëren, veel van de informatie en veranderingen werden verstrekt in informele vergaderingen waar niet alle leiders aanwezig waren. Bovendien werd hetgeen werd gezegd niet altijd opgenomen in de onlinedocumentatie en zorgde de projectmanager er niet voor dat de informatie werd ontvangen. Daardoor kreeg een gedeputeerde soms pas laat in het proces kennis van belangrijke wijzigingen. (Vervolg van Louis' getuigenis)*

Weeg bij je communicatiekeuze de voor- en nadelen van mondelinge en schriftelijke communicatie tegen elkaar af. Bij mondelinge communicatie kan je er zeker

van zijn dat de boodschap onmiddellijk is overgeko-
men, in tegenstelling tot schriftelijke communicatie.
Maar zoals Caius Titus (Romeins schrijver, 14-66) in een
toespraak tot de Senaat zei: "Woorden vliegen, geschrif-
ten blijven. Houd dus altijd een schriftelijk verslag bij
van informele besprekingen en vergaderingen.

HET HEK

De levering

Het project eindigt wanneer het eindproduct definitief
aan de klant wordt overhandigd, in overeenstemming
met de overeengekomen specificaties. Zorg ervoor dat
je een officiële schriftelijke bevestiging van deze leve-
ring ontvangt. Van je kant moet je nog het administra-
tieve gedeelte (notulen, enz.) en de begroting afsluiten.
Deze twee aspecten markeren het officiële einde van
het project. Zodra het project is afgerond, is het vaak
verleidelijk om de champagne te laten knallen zonder
stil te staan bij het meest vervelende deel: de laatste
analyses en evaluaties. Maar je hebt er wel baat bij voor
je volgende uitdagingen!

De eindevaluatie

Het doel van deze fase is een balans op te maken van
het gehele project. Gebruik hiervoor al je documenten:

* die van de voorbereidende fase (planning, tijdschema,
  enz.), waardoor je het eindresultaat kunt vergelijken
  met de basisverwachtingen

- die van de uitvoeringsfase (je logboek, regelmatige evaluaties, verslagen, enz.), die je zullen helpen begrijpen waarom het project goed is verlopen... of niet

- feedback van de klant

Stel jezelf op basis van dit schriftelijke bewijsmateriaal de volgende vragen:

- Zijn alle doelstellingen bereikt?

- Werd het schema gerespecteerd?

- Is de begroting onder controle gebleven?

- Hoe heb ik mijn team geleid?

- Hoe werden onvoorziene omstandigheden en problemen aangepakt?

Voer je analyse uit en houd vervolgens (afsluitende) vergaderingen om deze te bespreken.

- Praat met je klant over zijn tevredenheid. Vraag ook om schriftelijke feedback.

- Houd een vergadering met je team om het project te evalueren en af te sluiten.

- Rapporteer je analyse aan het management.

Zoals tijdens het hele project moet je ervoor zorgen dat je bevindingen door alle betrokken partijen worden gevalideerd.

Geef je team de tijd om op adem te komen voor de evaluatie – maar niet meer dan twee weken! Daarna gaan ze misschien verder en vergeten ze veel nuttige informatie voor jou.

Om met een zwierig gebaar af te sluiten...

Organiseer een feestelijk moment om je team te bedanken en sluit het avontuur positief af. Vergeet niet mensen uit te nodigen die er maar kort waren. Plan een alternatieve manier van bedanken als een feest niet mogelijk is of als sommige mensen niet aanwezig kunnen zijn. Het hoeft niet ingewikkeld te zijn: een e-mail kan voldoende zijn, maar leg er wel je hart en ziel in. Je team verdient een paar momenten van je tijd!

TOPTIPS

- **Houd altijd het einddoel in zicht.** Dit lijkt misschien vanzelfsprekend, maar midden in een project dat meerdere maanden duurt, waarbij tientallen mensen en talloze subdoelstellingen betrokken zijn, is het niet ongewoon om de weg kwijt te raken. Vergeet ook nooit dat de klant koning is: als de sponsors wijzigingen in het project willen aanbrengen, is het jouw plicht naar hen te luisteren!

- **Neem de tijd om af te breken.** Als je geconfronteerd wordt met een complexe situatie of probleem, houd dan het hoofd koel en probeer het tot op de bodem uit te zoeken. Splits daartoe de situatie of het probleem op en behandel de verschillende onderdelen één voor één.

- **Het is niet nodig om voor elk project het wiel opnieuw uit te vinden.** Maak gebruik van je eerdere ervaringen en die van anderen. Raadpleeg collega's en deskundigen en neem nota van hun advies. Pas op, dit betekent niet dat je het zonder de voorbereidingsfase kunt stellen. "Ik heb het een keer gedaan, dus ik weet het" is de ergste fout die je kunt maken!

- **Anticiperen!** Een stap voor blijven is het kenmerk van goede projectmanagers. Als je het onverwachte niet kan vermijden, kan je op problemen anticiperen en alternatieven voorbereiden. Als je ze niet hebt kunnen voorzien, moet je de problemen aanpakken zodra

ze zich voordoen en vooral de oorzaak opsporen zodat
ze niet meer voorkomen.

- **Het draait allemaal om communicatie.** Een goed
voorbereid project kan in duigen vallen als een verandering niet aan de juiste persoon is meegedeeld.
Onthoud deze gouden regel: elke verandering moet
worden overlegd met de betrokkenen. Voor belangrijke wijzigingen is uiteraard de goodkeuring van de
klant vereist.

- **Wees steeds op de hoogte van de voortgang van je
project**, de reeds uitgevoerde activiteiten, wat er nog
moet gebeuren en de stand van het budget. Maak
daartoe elke week de balans op en noteer de pro-
bleemgebieden: jouw eerste taak voor de volgende
week is deze op te lossen!

- **Beheers de instrumenten van de projectmanager.**
Bij professionele projecten in bedrijven maak je
onvermijdelijk gebruik van projectbeheersoftware,
zoals Microsoft Project. Leer het snel onder de knie te
krijgen, want het zal je kostbare tijd besparen. Zelfs
voor een klein project, aarzel niet om de sprong te
wagen.

 ## KLEIN PLUSPUNT

Er zijn veel verschillende soorten software voor projectbeheer. Jouw keuze moet worden bepaald door de
functionaliteit die je nodig hebt, de omvang van je
bedrijf, hoe vaak je het gebruikt en je budget. Zoals bij
elk type software zijn er propriëtaire licenties en gratis

producten. Houd bij de keuze van de software ook rekening met de toekomstige gebruikers (jouw medewerkers): het heeft geen zin om voor een oorlogsmachine te kiezen als ze niet weten hoe ze die moeten gebruiken!

- AtTask (eigen licentie) is een van de meest uitgebreide softwarepakketten. Het is over het algemeen bedoeld voor grote ondernemingen.

- Basecamp (eigen licentie) is eenvoudige en zeer populaire software. Het is met name mogelijk een dialoog aan te gaan met de verschillende personen die bij het project betrokken zijn.

- Collabtive (open source) is een gratis alternatief voor Basecamp. Het is gericht op het MKB.

- Ganttproject (open source) is een basisprogramma waarmee je je projecten kan beheren op basis van een Gantt-grafiek. Het is gemakkelijk te gebruiken, maar vrij beperkt.

- Trello is een recente software die veel aandacht begint te krijgen. De projecten zijn georganiseerd in borden met kaarten die elk een taak vertegenwoordigen. Het is beschikbaar in gratis en betaalde versies.

- Wrike is een zeer krachtige software die een van de marktleiders is geworden. Het biedt gebruikers de mogelijkheid om onder meer projecten, deadlines en planningen te beheren en bij te houden. Het is beschikbaar in zowel gratis als betaalde versies.

- **Organiseer een "overgangsvergadering"** om van de voorbereidingsfase over te gaan naar de uitvoeringsfase. Je recapituleert het hele projectproces en zorgt ervoor dat het voor iedereen duidelijk is.

- **Afgevaardigde.** De projectmanager heeft de rol van dirigent. Vertrouw je personeel en betrek hen zoveel mogelijk bij het project, wat hun motivatie en efficientie zal verhogen. Bovendien kun je niet op alle fronten aanwezig zijn, met het risico dat je fouten maakt.

FAQ

HEEFT DE PROJECTMANAGER NOG STEEDS DEZELFDE VERANTWOORDELIJKHEDEN?

Nee, de rol van de projectmanager kan van geval tot geval en van bedrijf tot bedrijf verschillen. Alvorens aan een project te beginnen, is het raadzaam je opdracht nauwkeurig te omschrijven en schriftelijk vast te leggen om elke dubbelzinnigheid te vermijden. Besteed bijzondere aandacht aan je verantwoordelijkheden met betrekking tot:

- de te bereiken doelstellingen
- budgettering
- planningmanagement
- de vrijheden die je hebt bij de aanwerving van je team (intern-extern of gemengd)
- de grenzen van je macht, d.w.z. van wie je afhankelijk bent

HOEVEEL TIJD MOET IK BESTEDEN AAN DE VOORBEREIDINGS-, UITVOERINGS- EN AFSLUITINGSFASE?

Reken 2/3 voor de uitvoeringsfase en 1/3 voor de voorbereidings- en afsluitingsfase. Een derde lijkt misschien veel, maar bedenk dat de dagen die je aan deze twee fasen besteedt, vooral het voorbereidende deel, langetermijninvesteringen zijn!

WAT ALS DE FINANCIËLE EISEN OF TERMIJNEN TE BEPERKEND ZIJN?

Elk project kan worden samengevat als een driehoek waarvan de drie uiteinden kosten, tijd en kwaliteit zijn. In het paradijs van de projectmanagers heb je de vrije hand over het budget en de deadline om de beste kwaliteit te bereiken.

In werkelijkheid zal je te maken krijgen met beperkingen en de voorkeur moeten geven aan een of twee punten van de driehoek. Laten we zeggen dat je een te krap budget krijgt. Nadat je alle mogelijke oplossingen hebt bekeken, heb je misschien geen andere keuze dan de omvang van je team te verminderen (waardoor de levertijd zal toenemen). Als je een bepaalde termijn niet kan halen, zal je je doelstellingen moeten verlagen. Als je je in een dergelijke situatie bevindt, breng dan je superieuren op de hoogte van de situatie, pleit voor de oplossing die je juist acht en accepteer de uiteindelijke beslissing. Als je vindt dat het project geen zin heeft, kan je de opdracht ook weigeren; een even moeilijke keuze.

IS HET MOGELIJK OM MEERDERE PROJECTEN TEGELIJK TE BEHEREN?

In theorie is het beter om aan één project tegelijk te werken, maar in de praktijk ligt dat vaak anders. Ten eerste heb je niet noodzakelijk een keuze: het kan zijn dat je om budgettaire, organisatorische of andere redenen met verschillende projecten moet jongleren. Ten tweede zijn sommige projecten van lange duur en kunnen er rustigere fasen zijn waarin je vrije tijd hebt. In ieder geval is het belangrijkste als je meerdere projecten beheert, dat je de prioriteiten tussen en binnen die projecten vaststelt.

WAT ALS IK OP KORTE TERMIJN EEN PROJECTMANAGER VERVANG?

Het kan gebeuren dat je dringend iemand moet vervangen. Meestal is er een noodplan om dit op te vangen: de opvolger is meestal een assistent van de voormalige projectmanager of een "big shot", iemand met ervaring in het leiden van andere grote projecten.

Als je niet bij het project betrokken was, moet je uiteraard alle beschikbare documenten raadplegen, te beginnen met die uit de voorbereidingsfase. Vervolgens moet je een grote vergadering organiseren met alle adjunct-hoofden (of zelfs alle teamleden) om je voor te stellen, eventuele nieuwe procedures vast te stellen en vooral te luisteren naar het verslag van elke afdeling.

HOE DELEGEER JE WERK?

Een goede projectmanager zijn, betekent dat je bepaalde taken kunt delegeren aan je collega's, zodat jij je kunt concentreren op de hoofdzaken. Om goed te delegeren moet je duidelijk omschrijven welke bevoegdheden je geeft (machtig je hen om bestellingen goed te keuren? Zo ja, tot welk budget?) en moet je duidelijk zijn in de omschrijving van de opdracht en de te halen termijnen. Maak ten slotte de persoon aan wie je delegeert verantwoordelijk: leg hem uit dat je hem vertrouwt, maar dat je in ruil daarvoor volledige inzet van hem verwacht. Communiceer regelmatig met hen om ervoor te zorgen dat alles goed gaat.

OM VERDER TE GAAN

BIBLIOGRAFISCHE BRONNEN

Bruce (Andy) en Langdon (Ken), *Het ontwikkelen van een project. 101 tips en adviezen*, Parijs, Éditions Mango, 2001.

Davidson (Jeff), *Moet je een project managen?* Parijs, Village Mondial, 2001.

Muller (Jean-Louis G.), *Management de projet*, Parijs, AFNOR, 2005.

Portny (Stanley E.) en Sage (Sandrine), *La gestion de projet pour les nuls*, Parijs, Éditions First, 2011.

Vallet (Gilles), *Réussir son management de projet*, Parijs, Dunod, 2012.

AANVULLENDE BRONNEN

Bonnin (Patrick) en Bouzdine-Chameeva (Tatiana), *Gérer un projet efficacement. Les 7 étapes-clés sans difficultés!* Parijs, AFNOR, 2012.

Buttric (Robert) en Chanson (Guillaume), *Project Management. Le guide exhaustif du management de projets*, 5e editie, Parijs, Pearson, 2015.

Cambie (Françoise), Impe (Marc), Luna (Éric) en Marlier (Étienne), *Construire… et gérer son projet*, Brussel, STICS, 2007.

Cayatte (Ramez), *Bâtir une équipe performante et motivée*, Parijs, Eyrolles-Éditions d'Organisation, 2007.

Drecq (Vincent), *Pratiques de management de projet. 40 instrumenten en technieken om de juiste beslissing te nemen*, Parijs, Dunod, 2014.

Garel (Gilles), *Le management de projet*, Parijs, La Découverte, 2011.

Gray (Clifford F.) en Larson (Erik W.), *Management de projet*, Parijs, Dunod, 2014.

Project Management Body of Knowledge Guide, (PMBOK Guide), 5e editie, Project Management Institute, Newton, VS, 2013.

Hochet (Xavier), *Transformer l'entreprise. De la décision à l'action*, Parijs, Odile Jacob, 2008.

Mesnards (Paul-Hubert des), *Réussir l'analyse des besoins*, Parijs, Eyrolles-Éditions d'Organisation, 2007.

Néré (Jean-Jacques), *Comment manager un projet ?* Parijs, Éditions Démos, 2012.

Noce (Tony) met medewerking van Paradowski (Patrick) en Maccio (Charles), *Animer, financer et communiquer votre projet*, Lyon, Chronique sociale, 2004.

Noce (Tony) en Paradowski (Patrick), *Élaborer un projet. Guide stratégique*, Lyon, Chronique sociale, 2005.

Roy (Etienne) en Vernerey (Guy), *La conduite de projets complexes*, Parijs, Éditions Maxima, 2010.

Sevin (Xavier), *De la gestion de portefeuille de projets à la gestion de projets. Du décisionnel à l'opérationnel*, Nantes, Éditions ENI, 2015.

Sotiaux (Yves), *Management d'équipe projet. Le chef de projet, un manager*, Le Mans, Gereso Éditions, 2008.

We horen graag van u! Laat
een reactie achter op jouw online bibliotheek
en deel je favoriete boeken op social media!

50MINUTES.com

IMPROVE YOUR
GENERAL KNOWLEDGE
IN THE BLINK OF AN EYE!

www.50minutes.com

De uitgever garandeert de betrouwbaarheid van de gepubliceerde informatie, die echter niet onder zijn verantwoordelijkheid valt.

Master ISBN: 9782808604567
Papier ISBN: 9782808605779
Wettelijk depot: D/2023/12603/4

Digitaal ontwerp: Primento,
de digitale partner van uitgevers.